amaryllis
(*Amaryllis* sp.)
001

amaryllis
(*Amaryllis vittata*)
002

Brazilian amaryllis
(*Amaryllis bresiliensis*)
003

anemone (*Anemone* sp.),
rose (*Rosa* sp.), clematis (*Clematis* sp.)
004

anemone
(*Anemone stellata*)
005

Calville apple
(*Malus* sp.)
006

apricot-peach
(*Prunus* sp.)
007

yellow asphodel
(*Asphodelus luteus*)
008

auricula
(Primula auricula)
009

auricula
(Primula auricula)
010

avens
(Geum coccineum)
011

banana
(Musa paradisiaca)
012

3

red torch banana
(*Musa coccinea*)
013

bellflower
(*Campanula* sp.)
014

bird-of-paradise
(*Strelitzia reginae*)
015

blanket flower
(*Gailliarda* sp.)
016

camellia
(Camellia anemonefolia)
017

camellia (*Camellia* sp.), narcissus (*Narcissus* sp.),
pansy (*Viola* sp.)
018

common camellia
(Camellia japonica)
019

common camellia
(Camellia japonica)
020

canna
(*Canna gigantea*)
021

carnation
(*Dianthus caryophyllus*)
022

carnation
(*Dianthus* sp.)
023

cherry
(*Cerasus domestica*)
024

commelina
(Commelina tuberosa)
025

coreopsis
(Coreopsis elegans)
026

corn lily
(Ixia tricolor)
027

African corn lily
(Ixia viridiflora)
028

crab apple
(*Malus* sp.)
029

saffron crocus
(*Crocus sativus*)
030

yellow crocus
(*Crocus luteus*)
031

crown imperial
(*Fritillaria imperialis*)
032

crown imperial
(Fritillaria imperialis)
033

cyclamen
(Cyclamen sp.)
034

giant cyrtanthus
(Cyrtanthus obliquus)
035

daffodil
(Narcissus pseudo-narcissus)
036

double dahlia
(*Dahlia* sp.)
037

tricolor daisy
(*Chrysanthemum carinatum*)
038

daylily
(*Hemerocallis caerulea*)
039

common daylily
(*Hemerocallis fulva*)
040

fig
(Ficus violacea)
041

filbert
(Corylus maxima)
042

handsome flat-pea
(*Platylobium* sp.)
043

flower-of-an-hour
(Hibiscus trionum)
044

11

forget-me-not
(*Myosotis scorpioides*)
045

scarlet fuchsia
(*Fuchsia coccinea*)
046

gentian
(*Gentianae acaulis*)
047

shell ginger
(*Globba nutans*)
048

gladiolus
(*Gladiolus cuspidatus*)
049

gladiolus
(*Gladiolus laccatus*)
050

white grape
(*Vinifera* sp.)
051

harebell
(*Campanula clochette*)
052

heath
(*Erica* sp.)
053

heliotrope
(*Heliotropium corymbosum*)
054

hibiscus
(*Lavatera phoenicea*)
055

honeysuckle
(*Lonicera* sp.)
056

cape honeysuckle
(*Bignonia capensis*)
057

hortensia
(*Hydrangea* sp.)
058

hyacinth
(*Hyacinthus* sp.)
059

garden hyacinth
(*Hyacinthus orientalis*)
060

bearded iris
(Iris germanica)
061

brown-flowered iris
(Iris squalens)
062

butterfly iris
(Iris spuria)
063

elder-scented iris
(Iris sambucina)
064

fringed iris
(Iris fimbriata)
065

Spanish iris
(Iris xiphium)
066

sweet iris
(Iris pallida)
067

sweet iris
(Iris pallida)
068

yellow flag iris
(*Iris pseudacorus*)
069

variegated iris
(*Iris variegata*)
070

saffron-colored ixia
(*Ixia crocata*)
071

jasmine
(*Jasminum grandiflorum*)
072

18

jimsonweed
(*Datura lavis*)
073

lady's slipper
(*Cypripedium* sp.)
074

leadwort
(*Plumbago caerulea*)
075

Italian leather flower
(*Clematis viticella*)
076

lilac
(*Syringa* sp.)
077

American lily
(*Lilium superbum*)
078

blackberry lily
(*Belamcanda chinensis*)
079

blue African lily
(*Agapanthus umbellatus*)
080

fireball lily
(*Haemanthus multiflorus*)
081

Jacobean lily
(*Amaryllis formosissima*)
082

lily of the Incas
(*Alstroemeria ligtu*)
083

lily-of-the-valley
(*Convallaria majalis*)
084

orange lily
(*Lilium bulbiferum*)
085

Peruvian lily
(*Alstroemeria pelegrina*)
086

tiger lily
(*Lilium tigrinum*)
087

Turk's-cap lily
(*Lilium martagon*)
088

white lily
(Lilium candidum)
089

lobster claw
(Heliconia humilis)
090

blue lotus
(Nymphaea caerulea)
091

saucer magnolia
(Magnolia soulangiana)
092

mallow
(*Redutea heterophylla*)
093

purple mallow
(*Malva purpurea*)
094

marigold
(*Tagetes* sp.)
095

milkweed
(*Astelma eximium*)
096

monkeyflower
(*Mimulus* sp.)
097

morning glory
(*Spomaea quamoclit*)
098

narcissus
(*Narcissus tazetta*)
099

narcissus
(*Narcissus tazetta*)
100

narcissus
(*Narcissus tazetta*)
101

nasturtium
(*Tropaeolum majus*)
102

orange
(*Citrus* sp.)
103

pansy
(*Viola* sp.)
104

tricolor pansy
(Viola tricolor)
105

passion flower
(Passiflora alata)
106

red passion flower
(Passiflora racemosa)
107

peach
(Prunus sp.)
108

27

peach
(*Prunus* sp.)
109

pear
(*Pyrus* sp.)
110

peony
(*Paeonia flagrans*)
111

peony
(*Paeonia* sp.)
112

periwinkle
(*Vinca* sp.)
113

crawling phlox
(*Phlox reptans*)
114

pineapple
(*Bromelia ananas*)
115

pink snowball
(*Dombeya ameliae*)
116

broad-leaved pitcairnia
(*Pitcairnia latifolia*)
117

garden plum
(*Prunus domestica*)
118

pomegranate
(*Grenadier punica*)
119

poppy
(*Papaver* sp.)
120

poppy
(*Papaver* sp.)
121

primrose
(*Primula sinensis*)
122

raspberry
(*Rubus* sp.)
123

red currant
(*Ribes rubrum*)
124

red hot poker
(Tritoma uvaria)
125

rose
(Rosa evratina)
126

rose
(Rosa reclinata flore sub multiplici)
127

rose
(Rosa sp.)
128

Adelaide of Orleans rose
(*Adelia aurelianensis*)
129

bishop rose
(*Rosa gallica*)
130

blush noisette rose
(*Rosa noisettiana*)
131

cabbage rose
(*Rosa centifolia*)
132

cabbage rose
(*Rosa centifolia burgundiaca*)
133

cabbage rose
(*Rosa centifolia foliacea*)
134

Candolle rose
(*Rosa* sp.)
135

Cumberland rose
(*Rosa centifolia anglica rubra*)
136

damask rose
(Rosa damascena aurora)
137

damask rose
(Rosa damascena celsiana)
138

double moss rose
(Rosa muscosa multiplex)
139

fragrant tea rose
(Rosa indica fragrans)
140

great cabbage-leaved rose
(*Rosa centifolia bullata*)
141

laurier rose
(*Nerium* sp.)
142

little cabbage rose
(*Rosa turbinata*)
143

moss rose
(*Rosa muscosa*)
144

rose of Bancks
(*Rosa* sp.)
145

rose of love
(*Rosa pumila*)
146

rose of Orleans
(*Rosa gallica aurelianensis*)
147

pale rose
(*Rosa centifolia anemonoides*)
148

pale pink rose
(*Rosa alba regalis*)
149

perfumer's rose
(*Rosa bifera officinalis*)
150

Persian yellow rose
(*Rosa lutea*), tea rose (*Rosa indica*)
151

pompon rose
(*Rosa pomponia*)
152

purple rose
(*Rosa gallica purpurea velutina, parva*)
153

red rose
(*Rosa gallica pontiana*)
154

semi-double field rose
(*Rosa sepium flore submultiplici*)
155

soft rose
(*Rosa mollissima*)
156

sweetbriar rose
(*Rosa eglanteria*)
157

sweetbriar rose
(*Rosa eglanteria*)
158

tea rose
(*Rosa indica*)
159

tea rose
(*Rosa indica*)
160

40

tea rose
(*Rosa indica*)
161

tea rose
(*Rosa indica cruenta*)
162

tea rose
(*Rosa indica sertulata*)
163

tea rose
(*Rosa indica vulgaris*)
164

thornless rose
(Rosa inermis)
165

turnip rose
(Rosa rapa)
166

white rose
(Rosa campanulata alba)
167

white moss rose
(Rosa muscosa alba)
168

yellow rose
(*Rosa sulfurea*)
169

snapdragon
(*Antirrhinum* sp.)
170

Solomon's seal
(*Polygonatum multiflorum*)
171

Spanish dagger
(*Yucca gloriosa*)
172

Peruvian squill
(*Scilla peruviana*)
173

strawberry
(*Fragaria* sp.)
174

perennial sweet pea
(*Lathyrus latifolius*)
175

tamarind flower
(*Spaendoncea tamarandifolia*)
176

tiger flower
(Tigridia pavonia)
177

tuberose
(Tuberosa sp.)
178

tulip
(Tulipa culta)
179

tulip
(Tulipa gesneriana)
180

Didier's tulip
(*Tulipa gesneriana*)
181

eye-of-the-sun tulip
(*Tulipa oculus-solis*)
182

tulip tree
(*Tulipifera* sp.)
183

wallflower
(*Cheiranthus flavus*)
184

Index of Common Names